절대 돌아올
수 없는 것들

The Things
That Never Can Come Back

일러두기

- 에밀리 디킨슨의 시에는 원래 제목이 없어서 차례에는 시의 첫 행으로 제목을 대신했다.

- 한 페이지가 넘어가는 긴 시들의 페이지 분량과 위치는 하단 쪽수 위에 표시해두었다.

* 우리말 문법은 물론 영어의 일상 어법에서도 낯선 대시나 따옴표와 같은 문장 부호들도 가능한 한 모두 살렸다. 원문의 대문자 사용은 번역에 반영하지 않았다.

- 본문에는 번역과 함께 원문 시를 함께 실었다. 디킨슨의 필사 원고를 텍스트로 번역했기 때문에 20세기에 출간된 디킨슨 전집들에 기반한 다른 번역들과 시의 구성이나 내용이 다를 수 있다. 이 책에 실린 시의 원문 텍스트는 에밀리 디킨슨 아카이브에 올라 있는 시인의 필사 원고를 읽으며 번역자가 기획하고 선택하여 편집하였다. 가능한 한 시인의 단어 선택, 시행 구분, 연 구조를 그대로 반영하여 원문 텍스트를 구성했으며, 이를 바탕으로 번역했다.

- 우리말 각주는 번역자의 것이며, 영문 각주는 시인이 필사노트 원고의 해당 시행 옆에 작은 글씨로 적어놓은 구절이다.

온라인 자료
Emily Dickinson Archives (http://www.edickinson.org)
Wikisource (https://en.wikisource.org/wiki/Author:Emily_Dickinson)
Gutenberg Project (https://www.gutenberg.org/files/12242/12242—h/12242—h.htm)

절대 돌아올
수 없는 것들

에밀리 디킨슨
박혜란 고르고 옮김

The Things
That Never Can Come Back

Emily Dickinson

파시쿠

If I read a book and it makes my whole body so cold no fire can warm me I know that is poetry. If I feel physically as if the top of my head were taken off, I know that is poetry. These are the only way I know it. Is there any other way?

Emily Dickinson, from a letter to Thomas Wenthworth Higginson

내가 읽은 책 한 권으로 인해 온몸이 오싹해졌는데 그런 나를 어떤 불로도 따뜻이 못한다면, 그게 시예요. 마치 정수리부터 한 꺼풀 벗기듯 몸으로 느껴진다면, 그게 시예요. 오직 이런 식으로만 나는 시를 알아요. 다른 방법 있나요?

에밀리 디킨슨, 토머스 웬트워스 히긴슨에게 보낸 편지에서

차례

멜로디의 섬광
Bolts of Melody

나 계속 노래할래!	13
시인은 이랬어	15
그림 나라면 그리지 않을 듯	17
그들은 나를 산문 속에 가두었지	21
내게서 나를 추방하는	23
시인들은 그저 램프를 밝힐 뿐	25
군함 없어도 책 한 권이면 돼	27

어떤 비스듬 빛 하나
A Certain Slant of Light

성공의 달콤함을 가장 잘 헤아리는 건	31
위에 계신 아빠!	33
어떤 비스듬 빛 하나 들어오는	35
나는 고통의 모습이 좋아요	37
영혼은 직접 선택해서 사귀지	39
내 머릿속에서 장례식이구나 생각했지	41
더 고독할지 몰라	43

바람의 술꾼

Inebriate of Air

나는 전혀 숙성 안 한 술맛을 알아	47
난 아무도 아냐! 넌 누구니?	49
그녀는 오색 빗자루로 청소하다	51
다친 사슴이 가장 높이 도약한단다	53
생각은 아주 엷은 막 밑에서	55
내가 죽음을 위해 멈출 수 없어	57
나 아름다움을 위해 죽었으나 드문 일	61

장전된 총

A Loaded Gun

내 평생 세워둔 장전된 총이었는데	65
세상에 보내는 나의 편지	69
나는 딱 두 번 잃어버렸어요	71
토끼방울꽃이 자기 거들을 풀어	73
밤은 사납고 거칠어!	75
그가 시키는 대로 그녀는 일어났다	77
출판은 경매예요	79

풀밭 속 가느다란 녀석

A Narrow Fellow in the Grass

새 한 마리가 산책길에 내려왔는데	83
가느다란 녀석이 풀밭 속을	85
내가 일찍 출발했거든 나의 강아지도 함께 갔어	89
노란 길 따라 그 눈이	93
친절한 눈으로 제때 뒤돌아보면	95
나 죽을 때 파리 한 마리 붕붕대는 소리 들렸는데	97

가능 속에 살아

Dwell in Possibility

나는 가능 속에 살아요	101
진실을 모두 말해 하지만 삐딱하게 말해	103
두뇌는 하늘보다 넓지	105
나는 광야를 본 적 없어요	107
내가 예측건대 모두 헤아려보니	109
대평원을 만드는 데 필요한 것은 클로버 하나 벌 한 마리	111

"희망"이란 깃털 달린 놈
"Hope" the Thing with Feathers

많이 미치면 굉장한 신의 감각이 생겨	115
말 한마디가 있어	117
"희망"이란 놈은 깃털이 있어	119
나는 그녀에게 고맙다 하러 갔으나	121
큰 소리로 싸우는 것은 매우 용감해	123
죽어가는 이들에게는 별로 필요한 것이 없어요, 그대여	125
이렇게 신성한 상실로	127
어떤 이들은 안식일을 지키려 교회 가는데	129
이 세상이 결론은 아니지요	131

절대 돌아올 수 없는 것들
The Things that Never can Come Back

사랑이 전부라는 것	135
사랑 삶보다 먼저	137
마음이 즐거움을 물어오지 처음에는	139
황홀한 순간마다	141
널찍이 이 침상을 펴	143
우리가 어른이 되어 사랑이 시들해지면 다 그렇듯	145
절대 돌아올 수 없는 것들 더러 있지	147

번역 후기: 시, 시인, 시집, 고르고 옮기는 일	150
시 원문 찾아보기	162

Bolts of Melody

멜로디의 소녀

I shall keep singing!
Birds will pass me
On their way to Yellower Climes —
Each — with a Robin's expectation —
I — with my Redbreast —
And my Rhymes —

Late — when I take my place in summer —
But — I shall bring a fuller tune —
Vespers — are sweeter than Matins — Signor —
Morning — only the seed of Noon —

나 계속 노래할래!
새들은 나를 지나
제 갈 길을 가겠지 더 노란 땅으로 —
저마다 — 로빈 방울새 한 마리 기대를 품고 —
나는 — 나의 붉은 가슴 방울새를 품고 —
나의 라임으로 —

늦었어 — 내가 자리 잡은 때가 여름이니까 —
하지만 — 나는 더 충만한 선율을 가져오리 —
저녁 참새가 — 아침 제비보다 달콤하나이다 — 나리 —
아침 — 고작 정오의 씨앗이니까 —

This was a Poet — It is That
Distills amazing sense
From ordinary Meanings —
And Attar so immense

From the familiar species
That perished by the Door —
We wonder it was not Ourselves
Arrested it — before —

Of Pictures, the Discloser —
The Poet — it is He —
Entitles Us — by Contrast —
To ceaseless Poverty —

Of portion — so unconscious —
The Robbing — could not harm —
Himself — to Him — a Fortune —
Exterior — to Time —

시인은 이랬어 — 그는
보통의 의미들에서
놀라운 감각을 증류해 —
그리고 어마어마한 향유

낯익은 종류들에서 추출했는데
문간에서 시들어버린 것들이라 —
혹여 우리 자신은 아니었나 싶어
전에 — 그것을 가둬둔 이가 —

그림으로 폭로하는 자 —
그가 바로 — 시인 —
그에 비해 — 우리의 권리는 —
부단한 가난 —

알아차리지 못할 — 만큼의 —
그 도둑질 — 해될 리 없어 —
그 자신 — 그에게는 — 행운이지
시간의 — 바깥이니 —

I would not paint — a picture —
I'd rather be the One
It's bright impossibility
To dwell — delicious — on —
And wonder how the fingers feel
Whose rare — celestial — stir —
Evokes so sweet a torment —
Such sumptuous — Despair —

I would not talk, like Cornets —
I'd rather be the One
Raised softly to the Ceilings —
And out, and easy on —
Through Villages of Ether —
Myself endued Balloon
By but a lip of Metal —
The pier to my Pontoon —

Nor would I be a Poet —
It's finer — Own the Ear —
Enamored — impotent — content —

그림 ― 나라면 그리지 않을 듯 ―
차라리 그 하나 되고 말지
그건 눈부신 불가능
맛있게 ― 음미해보니 ―
그 손가락들이 어떻게 느끼는지 궁금해
드물겠지만 누군가는 ― 천상을 ― 휘젓기도 해 ―
그토록 달콤한 괴로움을 자아내고 ―
그토록 호사스런 ― 절망을 ―

나라면 말하지 않을래, 코넷처럼 ―
차라리 그 하나 되고 말지
천장까지 살며시 들려 오르니 ―
이윽고 밖으로 사뿐히 나아가 ―
창공의 마을들을 거쳐 ―
내 스스로 부풀어 오른 풍선
금속입술 하나만으로 ―
나의 거룻배로 가는 부두 ―

나라면 시인도 되지 않을래
더 근사한 건 ― 그 귀를 갖는 것 ―
사랑에 빠지고 ― 무력해지고 ― 만족하고 ―

The License to revere,

A privilege so awful

What would the Dower be,

Had I the Art to stun myself

With Bolts — of Melody!

숭배 면허
그 어마어마한 특혜
상속은 무엇일까
내게 나를 기절시킬 예술이 있다면
멜로디의 ― 섬광!

They shut me up in Prose —
As when a little Girl
They put me in the Closet —
Because they liked me "still" —

Still! Could themself have peeped —
And seen my Brain — go round —
They might as wise have lodged a Bird
For Treason — in the Pound —

Himself has but to will
And easy as a Star
Look down opon Captivity —
And laugh — No more have I —

그들은 나를 산문 속에 가두었지 —
꼬마 계집애였을 때
그들이 나를 옷장 속에 넣었듯이 —
그들은 내가 "가만히" 있는 걸 좋아했거든 —

가만히! 그들이 직접 엿봤어야 했어 —
그래서 내 머리가 — 빙글빙글 도는 걸 봤어야 했어 —
차라리 새 한 마리 재우는 편이 현명했을걸
반역은 — 울타리 안에서라도 —

오직 스스로 의지만 있다면
그러면 쉽지 — 별이
가둠을 내려다보며 —
그저 웃듯 — 그 이상 내게 뭐가 있겠어 —

Me from Myself — to banish —

Had I Art —

Impregnable my Fortress

Unto All Heart —

But since Myself — assault Me —

How have I peace

Except by subjugating

Consciousness?

And since We're mutual Monarch

How this be

Except by Abdication —

Me — of Me?

내게서 나를 — 추방하는 —
예술이 내게 있다면 —
온 마음 다해도
난공불락 나의 요새 —

하지만 내가 — 나를 공격하니 —
나는 어떻게 평화를 얻을까
의식을
정벌하지 않고도?

우린 서로의 군주이니
어찌 이럴 수 있지?
퇴위시키지 않는다면 —
내가 — 나를

The Poets light but Lamps —
Themselves — go out —
The Wicks they stimulate
If vital Light

Inhere as do the Suns —
Each Age a Lens
Disseminating their
Circumference —

시인들은 그저 램프를 밝힐 뿐 —
스스로는 — 꺼지지 —
심지를 자극해
만일 살아 있는 빛이

태양들이 그러하듯 그 안에 있다면 —
시대마다 렌즈가 있어
퍼지는 그들의
원주 —

There is no Frigate like a Book

To take us Lands away

Nor any Coursers like a Page

Of prancing Poetry —

This Traverse may the poorest take

Without oppress of Toll —

How frugal is the Chariot

That bears the Human Soul —

군함 없어도 책 한 권이면 돼
우리를 멀리 대륙으로 데려다주지
군마 없어도 한 페이지면 돼
시를 활보하지 ―
이런 횡단이라면 아무리 가난해도 갈 수 있지
통행료 압박도 없고 ―
인간의 영혼을 실을
전차인데 이다지도 검소하다니 ―

A Certain Slant of Light

아빠 비스듬
잣
하나
ㄱ

Success is counted sweetest

By those who ne'er succeed.

To comprehend a nectar

Requires sorest need —

Not one of all the purple Host

Who took the Flag today

Can tell the definition so

Clear of Victory —

As he defeated — dying —

On whose forbidden Ear

The distant strains of triumph

Burst agonized and clear —

성공의 달콤함을 가장 잘 헤아리는 건

전혀 성공해본 적 없는 이들

없어서 죽을 듯 절실해야

과즙을 어림잡을 수 있답니다 ―

오늘 하루 깃발을 차지한

자줏빛 제복 기사단 그 누구도

승리를 그렇게 또렷이

정의할 수 없을 거예요 ―

패배하여 ― 죽어가는 ―

그의 금지된 귀에는

승전가의 선율이 멀리서

불쑥 터지니 괴롭고도 또렷해 ―

Papa above!

Regard a Mouse

O'erpowered by the Cat!

Reserve within thy kingdom

A "Mansion" for the Rat!

Snug in seraphic Cupboards

To nibble all the day

While unsuspecting Cycles

Wheel solemnly away!

위에 계신 아빠!
쥐도 좀 생각해줘요
고양이에게 눌려 지내잖아요!
이 쥐 녀석을 위해 "저택" 한 채
당신의 왕국 안에 남겨주세요!

아늑하게 천사들의 찬장 안에서
하루 종일 야금댈 수 있게요
그동안 전혀 눈치 못 챈 수레
바퀴들은 준엄히 돌아가라죠!

There's a certain Slant of light,
Winter Afternoons —
That oppresses, like the Heft
Of Cathedral Tunes —

Heavenly Hurt, it gives us —
We can find no scar,
But internal difference —
Where the Meanings, are —

None may teach it — Any —
'Tis the Seal Despair —
An imperial affliction
Sent us of the Air —

When it comes, the Landscape listens —
Shadows — hold their breath —
When it goes, 'tis like the Distance
On the look of Death —

어떤 비스듬 빛 하나 들어오는
겨울 오후 —
그 빛 내리누르니 묵직함이
마치 대성당 선율 같아요 —

그것이 천상의 아픔을 우리에게 주니 —
아무런 상처도 안 보여
하지만 내면의 차이에 —
그 의미들이 있지요 —

이를 가르쳐줄 사람 없겠죠 — 아무도 —
그것은 봉인 절망 —
공중에 띄워 우리에게 보낸
지고의 고통 —

그것이 올 때 풍경은 귀를 기울이고 —
그림자들은 — 숨죽이고 —
갈 때는 마치 멀리 드리운
죽음의 표정 —

I like a look of Agony,
Because I know it's true —
Men do not sham Convulsion,
Nor simulate, a Throe —

The Eyes glaze once — and that is Death —
Impossible to feign
The Beads upon the Forehead
By homely Anguish strung.

나는 고통의 모습이 좋아요
그게 진실임을 알고 있기 때문이죠 —
사람들은 경련을 시늉하지 않고
격통도 시범 보이지 않잖아요 —

일단 눈이 게슴츠레해지면 — 그게 죽음이면 —
가장이 불가능해
이마에 구슬들이
별것 아닌 고뇌로 또르르 이어지지요

The Soul selects her own Society —

Then — shuts the Door —

To her divine Majority —

Present no more —

Unmoved — she notes the Chariots — pausing —

At her low Gate —

Unmoved — an Emperor be kneeling

Upon her Mat —

I've known her — from an ample nation —

Choose One —

Then — close the Valves of her attention —

Like Stone —

영혼은 직접 선택해서 사귀지 —
그리고 — 문을 닫아버리지 —
그녀의 여러 고관대작에게 —
그 이상 제시하지 않아 —

꿈쩍 않고 — 지켜보면 마차들 — 멈추고 —
그녀의 나즈막 대문 앞 —
꿈쩍 않으니 — 한 황제가 무릎을 꿇지
그녀의 발 앞에 납작 —

나도 알던 그녀는 — 어느 큰 나라 출신 —
한 명 선택 —
하고 나면 — 관심의 밸브를 잠가 —
돌처럼 —

I felt a Funeral, in my Brain,
And Mourners to and fro
Kept treading — treading — till it seemed
That Sense was breaking through —

And when they all were seated,
A Service, like a Drum —
Kept beating — beating — till I thought
My Mind was going numb —

And then I heard them lift a Box
And creak across my Soul
With those same Boots of Lead, again,
Then Space — began to toll,

As all the Heavens were a Bell,
And Being, but an Ear,
And I, and Silence, some strange Race
Wrecked, solitary, here —

And then a Plank in Reason, broke,
And I dropped down, and down —
And hit a World, at every plunge,
And Finished knowing — then —

내 머릿속에서 장례식이구나 생각했지
문상객들이 오고 가며
계속 짓밟고 — 짓밟고 — 이러다
감각이 박살 나겠구나 싶더라 —

그리고 이들이 모두 자리에 앉자
예식이 마치 드럼 치듯 —
계속 두들기고 — 두들기고 — 결국에는
내 정신이 마비되겠다 싶더라 —

그리고 들어보니 이들이 상자를 하나 들어
삐걱대며 내 영혼을 가로질러 지나가는 거야
다들 똑같은 납 장화를 신고 다시
그때 우주는 — 조종을 울리기 시작하고

천국이 온통 하나의 종
그리고 존재는 그저 하나의 귀
그리고 나는, 그리고 침묵은 어떤 낯선 종족이 되어
난파했지 홀로 여기에서—

그러고는 이성의 널빤지 하나 박살 나고
나는 밑으로 떨어지고 또 떨어지고 —
거꾸러질 때마다 세상과 부딪히고
그리고 앎을 마쳤어 — 그러더니 —

It might be lonelier
Without the Loneliness —
I'm so accustomed to my Fate —
Perhaps the Other — Peace —

Would interrupt the Dark —
And crowd the little Room —
Too scant — by Cubits — to contain
The Sacrament — of Him —

I am not used to Hope —
It might intrude upon —
Its sweet parade — blaspheme the place —
Ordained to Suffering —

It might be easier
To fail — with Land in Sight —
Than gain — My Blue Peninsula —
To perish — of Delight —

더 고독할지 몰라
고독이 없다면 —
나는 내 운명에 이렇게 익숙해졌는데 —
아마 다른 이가 — 평화가 —

어둠에 끼어들겠지 —
그리고 작은 방에서 북적이겠지 —
너무 적어 — 큐빗으로는 못 재 — 담을 수도 없어 —
그분의 — 성찬은 —

나는 희망에 익숙지 않아 —
느닷없이 끼어들었을 —
그 달콤한 퍼레이드 — 장소의 신성모독 —
고통에 임명되었지 —

아마 더 쉬웠을지도
눈앞의 땅을 얻고 — 쓰러지는 편이 —
나의 푸른 반도를 — 얻고 —
기쁨으로 — 사멸하느니 —

Inebriate of Air

술꾼

백낙청

I taste a liquor never brewed —
From Tankards scooped in Pearl —
Not all the vats upon the Rhine
Yield such an Alcohol!

Inebriate of air — am I —
And Debauchee of Dew —
Reeling — thro' endless summer days —
From inns of molten Blue —

When "Landlords" turn the drunken Bee
Out of the Foxglove's door,
When Butterflies renounce their "drams" —
I shall but drink the more!

Till Seraphs swing their snowy Hats —
And Saints to windows run —
To see the little Tippler
Leaning against the — Sun!

나는 전혀 숙성 안 한 술맛을 알아 ―
술통에서 진주 국자로 떠 마시지 ―
라인강 술통들이라고 모두
이런 술을 내놓지는 않아!

나란 놈은 ― 바람의 술꾼 ―
게다가 이슬의 고주망태 ―
갈지자 춤추며 ― 끝도 없는 여름 한낮 내내 ―
녹아내린 파란 하늘 주막을 나선다 ―

"주인장"이 술 취한 벌을
여우장갑꽃 문전에서 내쫓을 때 ―
나비들이 ― 마시던 "한 모금"을 포기할 때 ―
나는 그냥 더 마셔야지!

하늘나라 선녀님들이 눈꽃 모자를 나풀대며 ―
성자들이 ― 창가로 달려와 ―
이 쪼그만 술주정뱅이가 태양을 등지고 기대선
모습을 ― 볼 때까지!

I'm Nobody! Who are you?
Are you — Nobody — too?
Then there's a pair of us!
Don't tell! they'd advertise — you know!

How dreary — to be — Somebody!
How public — like a Frog —
To tell one's name — the livelong June —
To an admiring Bog!

난 아무도 아냐! 넌 누구니?
너도 ― 역시 ― 아무도 아니니?
그렇다면 우리는 단짝!
얘기하지 마! 걔네들이 떠벌릴 거야 ― 너도 알잖아!

세상 쓸데없지 ― 누군가 ― 가 되는 건!
세상 다 들으라고 ― 개굴개굴대며 ―
떠받드는 늪에 대고 ― 기나긴 유월 내내 ―
아무개 이름을 댄다는 건!

She sweeps with many — colored Brooms —
And leaves the Shreds behind —
Oh Housewife in the Evening West —
Come back, and dust the Pond!

You dropped a Purple Ravelling in —
You dropped an Amber thread —
And how you've littered all the East
With duds of Emerald!

And still, she plies her spotted Brooms,
And still the Aprons fly,
Till Brooms fade softly into stars —
And then I come away —

그녀는 오색 빗자루로 청소하다 ―
실 몇 가닥 뒤에 남긴다 ―
오, 저녁 서편에 사는 아줌마 ―
돌아오세요 연못의 먼지를 털어주세요!

보라 실밥도 한 올 ―
호박 실오라기도 하나 떨어뜨리셨어요 ―
동쪽을 온통 어질러놓은
에메랄드 쪼가리들은 또 어떻고요!

그리고 여전히, 그녀의 알록달록 빗자루들은 쌓이고
그리고 여전히 앞치마는 휘날리는데
어느덧 빗자루들이 빛바래 살며시 별들 사이로 사그라진다 ―
그제야 나는 떠나온다 ―

A wounded Deer — leaps highest —
I've heard the Hunter tell —
'Tis but the ecstasy of death —
And then the Brake is still!

The smitten Rock that gushes!
The trampled Steel that springs!
A Cheek is always redder
Just where the Hectic stings!

Mirth is the Mail of Anguish —
In which it cautious Arm,
Lest Anybody spy the blood
And "you're hurt" exclaim!

다친 사슴이 ─ 가장 높이 도약한단다 ─
사냥꾼이 하는 말을 들은 적 있어 ─
하지만 그건 죽음의 절정일 뿐 ─
이후 덤불은 조용하지!

얻어맞은 바위의 솟구침!
짓밟힌 강철의 용솟음!
열병에 쏘인 뺨이
늘 더 빨간 법!

흥겨움은 고뇌의 우편물 ─
그 속에는 신중한 무기
혹시 누가 그 피를 염탐하고
"너 다쳤구나" 하고 외치기라도 해봐!

The thought beneath so slight a film —

Is more distinctly seen —

As laces just reveal the surge —

Or Mists — the Apennine

생각은 아주 엷은 막 밑에서 —
더 잘 보여 —
포말 너머로 격랑이 드러나듯 —
안개 사이로 — 아펜니노♦가

♦ 이탈리아 반도 혹은 이탈리아 반도 중심의 아펜니노산맥

Because I could not stop for Death —
He kindly stopped for me —
The Carriage held but just Ourselves —
And Immortality.

We slowly drove — He knew no haste,
And I had put away
My labor and my leisure too,
For His Civility —

We passed the School, where Children strove
At recess — in the ring —
We passed the Fields of Gazing Grain —
We passed the Setting Sun —

Or rather — He passed Us —
The Dews drew quivering and chill —
For only Gossamer, my Gown —
My Tippet — only Tulle —

We paused before a House that seemed
A Swelling of the Ground —
The Roof was scarcely visible —
The Cornice — in the Ground —

내가 죽음을 위해 멈출 수 없어 —
그가 친절하게도 나를 위해 멈추었다 —
마차는 우리만 태웠다 —
불멸과 함께

우린 천천히 몰았다 — 그는 서둘 줄을 몰라
나는 다 놔두고 왔는데
내 노동도 내 여가도
그가 정중했으니까 —

우리가 학교를 지나는데 아이들이 애쓰고 있었다
쉬는 시간에 — 둥글게 모여 —
낟알이 응시하는 들판도 우리는 지났고 —
저무는 해도 우리는 지났고 —

아니 오히려 — 그가 우리를 지났다 —
이슬 맺히니 으슬으슬 춥고 떨렸다 —
내 고사머 드레스만으로는 —
내 티펫 — 튤일 뿐이었으니 —♦

우리는 어느 집 앞에서 멈추었다
부풀어 오른 땅 —
지붕은 보일 듯 말 듯 —
처마는 — 땅속에 —

Since then — 'tis centuries — and yet

Feels shorter than the Day

I first surmised the Horses' Heads

Were toward Eternity —

그리 된 지 ― 수백 년 ― 그럼에도
한나절보다 더 짧은 느낌
처음엔 말 머리가
영원을 향하는 줄 알았다 ―

♦ 고사머는 거미줄을 가리키기도 하고 웨딩드레스처럼 장식이 많은 드레스에 쓰이는 아주 얇은 망사 천을 뜻하기도 한다. 티펫은 모피를 둘렀거나 털실로 짠 짧은 숄, 툴은 주로 베일로 쓰이는 실크로 얇게 짠 천이다.

I died for Beauty — but was scarce
Adjusted in the Tomb
When one who died for Truth was lain
In an adjoining room —

He questioned softly "Why I failed?"
"For Beauty," I replied —
"And I — for Truth — the Two are one —
We Brethren are," he said —

And so, as Kinsmen met a Night —
We talked between the rooms —
Until the Moss had reached our lips —
And covered up — Our names —

나 아름다움을 위해 죽었으나 ― 드문 일
무덤에 적응하니
진리를 위해 죽은 한 양반 누였는데
방을 이웃하게 되었지 ―

그가 나직이 묻더군 "왜 쓰러졌지?"
"아름다움을 위해" 내가 대답했지 ―
"그리고 ― 진리를 위해 ― 이들은 하나니까 ―
우린 형제야" 그가 말했지 ―

그리하여 친척인 듯 어느 밤에 만나 ―
방과 방 사이로 얘기하다 보니 ―
이끼가 우리 입술까지 차올라 ―
우리 이름을 ― 뒤덮더군 ―

A Loaded Gun

장전된
애니

My Life had stood — a Loaded Gun —
In Corners — till a Day
The Owner passed — identified —
And carried Me away —

And now We roam in Sovereign Woods —
And now We hunt the Doe —
And every time I speak for Him

The Mountains straight reply —
And do I smile, such cordial light
Opon the Valley glow —
It is as a Vesuvian face

Had let it's pleasure through —
And when at Night — Our good Day done —
I guard My Master's Head —
'Tis better than the Eider Duck's

Deep Pillow — to have shared —
To foe of His — I'm deadly foe —
None stir the second time —
On whom I lay a Yellow Eye —
Or an emphatic Thumb —

내 평생 세워둔 — 장전된 총이었는데 —
구석에 처박혀 있던 — 어느 날
주인이 지나다 — 알아보고는 —
날 챙겨 나갔다 —

그리고 지금 우리는 왕의 숲을 배회한다 —
그리고 지금 우리는 암사슴을 사냥한다 —
그리고 내가 그분을 위해 말할 때마다
산은 바로 대답한다 —

그리고 내가 미소를 지으니, 그토록 다정한 섬광이
계곡 위로 번쩍인다 —
마치 베수비우스♦의 얼굴이
자신의 기쁨을 쏟아놓은 듯했다 —

그리고 밤이면 — 근사했던 우리의 하루를 마치고 —
나는 나의 주인의 머리를 경호한다 —
함께하기에는 오리 솜털
푹신한 베개보다 — 그게 더 낫다 —

그의 적에게 — 나는 치명적인 적 —
누구도 두 번 꿈쩍일 수는 없어 —
내가 황색 눈으로 겨누고 있으니까 —
단호한 엄지일 수도 있고 —

Though I than He — may longer live

He longer must — than I —

For I have but the power to kill,

Without — the power to die —

비록 그보다 내가 — 더 오래 살 수 있더라도
그가 더 오래 살아야 한다 — 나보다 —
나는 죽일 힘만 있고
죽을 힘은 — 없으니까 —

♦ 베수비오산. 이탈리아 나폴리만에 면한 활화산이다.

This is my letter to the World

That never wrote to Me —

The simple News that Nature told —

With tender majesty

Her Message is committed

To Hands I cannot see —

For love of Her — Sweet — countrymen —

Judge tenderly — of me!

세상에 보내는 나의 편지
세상이 나한테 써 보낸 적 없어서 —
자연이 전해준 소박한 소식에 —
다정한 장엄을 곁들였어요

그녀의 메시지를 전달받는
손을 나는 볼 수 없으니 —
그녀를 사랑한다면 — 사랑스런 — 시골 사는 여러분 —
다정히 심판해주세요 — 나를!

I never lost as much but twice —
And that was in the sod.
Twice have I stood a beggar
Before the door of God!

Angels twice descending
Reimbursed my store —
Burglar! Banker — Father!
I am poor once more!

나는 딱 두 번 잃어버렸어요 —
땅속에 둔 것들
두 번 거지 신세로
신의 문 앞에 섰죠!

천사들이 — 두 번 내려와
내 곳간을 변상했고 —
도둑이야! 은행가 — 아버지!
난 한 번 더 가난해졌어요!

Did the Harebell loose her girdle
To the lover Bee
Would the Bee the Harebell hallow
Much as formerly?

Did the "Paradise" — persuaded —
Yield her moat of pearl —
Would the Eden be an Eden,
Or the Earl — an Earl?

토끼방울꽃이 자기 거들을 풀어
벌 연인에게 건넸다면
벌은 토끼방울꽃을 예전만큼
흠모할까?

"낙원"이 — 설득당해 —
그녀의 진주 해자를 내주었다면 —
에덴은 여전히 에덴일까
아니 그 백작님은 — 백작이실까?

Wild Nights — Wild Nights!
Were I with thee
Wild Nights should be
Our luxury!

Futile — the Winds —
To a Heart in port —
Done with the Compass —
Done with the Chart!

Rowing in Eden —
Ah, the sea!
Might I moor — Tonight —
In thee!

밤은 사납고 — 거칠어!
내가 너와 함께라면
거친 밤은
우리의 사치!

부질없는 — 바람 —
항구에 있는 한 마음에게로 —
나침반도 됐고 —
지도도 됐고!

에덴에서 노를 저으니 —
아, 바다!
오늘 밤 — 나 정박할 곳은 —
그대!

She rose to His Requirement — dropt
The Playthings of Her Life
To take the honorable Work
Of Woman, and of Wife —

If ought She missed in Her new Day,
Of Amplitude, or Awe —
Or first Prospective — Or the Gold
In using, wear away,

It lay unmentioned — as the Sea
Develope Pearl, and Weed,
But only to Himself — be known
The Fathoms they abide —

그가 시키는 대로 그녀는 일어났다 ― 평생
갖고 놀던 놀잇감들을 팽개치고
명예로운 일을 맡으려고
여자라는, 아내라는 ―

만일 그녀가 자신의 새날에 놓쳤을 의무가
엄청났거나 어마어마했다면 ―
아니면 처음의 전망이 ― 아니면 황금이
사용하다 다 닳아버리기라도 한다면

알아주는 이 없이 그저 그대로 있었다 ― 바다도 그렇게
진주를 키우고 해초를 키우듯
그래도 오직 그 자신에게는 ― 알려지리라
이들이 견디는 깊이 ―

Publication — is the Auction
Of the Mind of Man —
Poverty — be justifying
For so foul a thing

Possibly — but We — would rather
From Our Garret go
White — unto the White Creator —
Than invest — Our Snow —

Thought belong to Him who gave it —
Then — to Him Who bear
It's Corporeal illustration — sell
The Royal Air —

In the Parcel — Be the Merchant
Of the Heavenly Grace —
But reduce no Human Spirit
To Disgrace of Price —

출판은 — 경매예요
인간의 정신을 사고팔지요 —
가난으로 — 그런 추잡한 일을
정당화하겠죠

그럴 수 있어요 — 하지만 우리라면 — 차라리
우리 다락방에서 출발하여
순백으로 — 순백의 창조주에게 닿을 거예요 —
우리 흰 눈을 — 투자하느니 그게 낫지요 —

생각은 그분이 갖고 계셨고 주셨으니 —
그렇다면 — 생각의 실물 삽화를 지닌
그분에게 — 고결한 기운을
파세요 —

소량 포장으로 — 하늘의 은총의
거상이 되세요 —
하지만 그 어떤 인간의 정신도
가격이라는 수치로 강등하지는 마세요 —

A Narrow Fellow in the Grass

가느다란 타인

속박줄

A Bird, came down the Walk —
He did not know I saw —
He bit an Angle Worm in halves
And ate the fellow, raw,

And then, he drank a Dew
From a convenient Grass —
And then hopped sidewise to the Wall
To let a Beetle pass —

He glanced with rapid eyes,
That hurried all abroad —
They looked like frightened Beads, I thought,
He stirred his Velvet Head

Like one in danger, Cautious,
I offered him a Crumb,
And he unrolled his feathers,
And rowed him softer Home —

Than Oars divide the Ocean,
Too silver for a seam,
Or Butterflies, off Banks of Noon,
Leap, plashless as they swim.

새 한 마리가 산책길에 내려왔는데 ―
걔는 내가 본 걸 몰랐어요 ―
지렁이 한 마리 물어 반 토막 내어
그 녀석을 날로 먹어버리더니

그러고는 이슬 한 모금 마셨어요
풀잎에 맺혀 편했죠 ―
그러더니 옆걸음으로 깡총 뛰며 벽에 붙었어요
딱정벌레 지나가게 해준 거죠 ―

걔는 잽싼 두 눈으로 힐긋 보다
다급히 사방을 둘러봤어요 ―
겁먹은 구슬 같아 보였어요, 내 생각에는
자신의 벨벳 머리를 흔들어댔죠

위험에 빠진 이인 양 조심스럽게
내가 부스러기 한 조각 그에게 내밀었는데
그랬더니 새는 깃털을 세우며
좀 더 사뿐히 노 저어 집으로 갔어요 ―

대양을 가르는 노보다
이음새 없는 은빛이 너무 영롱해
혹은 나비들 정오 강둑을 날다
헤엄치듯 첨벙대지 않고 도약하죠

A narrow Fellow in the Grass

Occasionally rides —

You may have met him — did you not

His notice sudden is —

The Grass divides as with a Comb —

A spotted shaft is seen —

And then it closes at your feet

And opens further on —

He likes a Boggy Acre

A Floor too cool for Corn —

Yet when a Boy, and Barefoot —

I more than once at Noon

Have passed, I thought, a Whip lash

Unbraiding in the Sun

When stooping to secure it

It wrinkled, and was gone —

Several of Nature's People

I know, and they know me —

I feel for them a transport

Of cordiality —

가느다란 녀석이 풀밭 속을
이따금 돌아다녀요 —
당신도 그를 만났겠지요 — 못 봤어요?
불쑥 눈에 띄었을 텐데 —

빗질하듯 — 풀밭을 가르면 —
점박이 자루가 보이지요 —
그때 당신 발 앞에서 닫지만
계속 가다 보면 열어요 —

그는 습지를 좋아해요
옥수수한테는 너무 서늘한 바닥 —
그럼에도 한 소년이, 그리고 맨발로 —
내가 정오에 한 번 이상

지날 때면, 내 생각인데, 휙 스치며
햇살에 똬리를 풀었고
그놈 지키려고 웅크리고 있을 때는
쭈그러들더니 가버렸어요 —

자연의 백성 몇몇을
나는 알지요, 그들도 나를 알아요 —
그들에 대한 내 느낌은
다정의 이동 —

But never met this Fellow

Attended, or alone

Without a tighter breathing

And Zero at the Bone —

하지만 이 녀석을 만나기만 하면
동행이 있든 아니면 혼자이든
늘 바짝 숨죽이고 있으니
뼈까지 0이었지요 —

I started Early — Took my Dog —
And visited the Sea —
The Mermaids in the Basement
Came out to look at me —

And Frigates — in the Upper Floor
Extended Hempen Hands —
Presuming Me to be a Mouse —
Aground — opon the Sands —

But no Man moved Me — till the Tide
Went past my simple Shoe —
And past my Apron — and my Belt
And past my Boddice — too —

And made as He would eat me up —
As wholly as a Dew
Opon a Dandelion's Sleeve —
And then — I started — too —

And He — He followed — close behind —
I felt His Silver Heel
Opon my Ancle — Then My Shoes
Would overflow with Pearl —

내가 일찍 출발했거든 — 나의 강아지도 함께 갔어 —
바다에 들렀어 —
지하실에 있던 인어들이
밖으로 나와 나를 쳐다봤어 —

그리고 군함새들은 — 이층에 있었는데
대마 이파리 같은 손을 뻗었어 —
내가 쥐인 줄 알았나봐 —
모래사장 위를 — 맴도니까 —

하지만 누구도 나를 어쩌지 못했는데 — 마침내 밀물이
수수한 내 신발을 지나쳤어 —
그리고 내 앞치마를 지났지 — 그리고 내 벨트를
그리고 내 윗도리도 지나쳤어 —

그러더니 나를 집어삼킬 듯한 기세로 —
민들레 소맷자락에 맺힌
이슬인 양 단번에 —
그래서 — 나는 출발했지 —

그런데 그 — 그가 따라왔어 — 뒤를 쫓아왔지 —
내 발목에 그의 은빛 뒤꿈치가
닿은 느낌이었는데 — 그랬다면 내 신발이
진주로 넘쳐났겠지만 —

Until We met the Solid Town —

No One He seemed to know —

And bowing — with a Mighty look —

At me — The Sea withdrew —

그러다 우리는 단단한 육지 읍내를 만났지 —
그는 아는 이가 아무도 없었나봐 —
절을 하더니 — 호탕한 표정으로 —
나를 보며 — 바다는 물러갔지 —

A lane of Yellow led the eye

Unto a Purple Wood

Whose soft inhabitants to be

Surpasses solitude

If Bird the silence contradict

Or flower presume to show

In that low summer of the West

Impossible to know —

노란 길 따라 그 눈이
도착한 보랏빛 숲에
사는 순한 주민들이려면
고독을 이겨야 해
만일 새가 침묵과 맞짱 뜨거나
꽃이 보일락 말락 하면
서쪽의 저 나지막한 여름을
알기가 불가능해져 —

Look back

on time

with kindly

eyes —

He doubtless

did his best —

How softly

sinks his

trembling sun

In Human

Nature's west —

친절한

눈으로

제때

뒤돌아보면 —

그는 의심의 여지 없이

최선을 다했는데 —

그의 태양은

떨면서도

저리 부드럽게

인간 본성의

서쪽으로 저무는가 —

I heard a Fly buzz — when I died —
The Stillness in the Room
Was like the Stillness in the Air —
Between the Heaves of Storm —

The Eyes around — had wrung them dry —
And Breaths were gathering firm
For that last Onset — when the King
Be witnessed — in the Room —

I willed my Keepsakes — Signed away
What portion of me be
Assignable — and then it was
There interposed a Fly —

With Blue — uncertain — stumbling Buzz —
Between the light — and me —
And then the Windows failed — and then
I could not see to see —

나 죽을 때 — 파리 한 마리 붕붕대는 소리 들렸는데 —
방 안은 고요
몰아치는 폭풍 사이 —
공중의 고요 같았다 —

주변의 눈들은 — 쥐어짜 말라버렸고 —
최후 일격에
다들 단단히 숨을 모으니 — 왕이
방 안에서 — 목격되었다 —

나는 내 유품을 유언하고 — 서명을 마쳤다
나의 어떤 부분을
지정할 수 있을까 — 그런데 그때
거기 끼어든 파리 한 마리 —

푸른 — 확실치 않은 — 비틀대는 붕붕 소리 —
그 빛 그리고 — 나 사이에서 —
그리고 그때 창문은 무너지고 — 그리고 그때
나는 보는 것을 볼 수 없었으니 —

Dwell in Possibility

가늘 속에
살다

I dwell in Possibility —

A fairer House than Prose —

More numerous of Windows —

Superior — for Doors —

Of Chambers as the Cedars —

Impregnable of eye —

And for an everlasting Roof

The Gambrels of the Sky —

Of Visitors — the fairest —

For Occupation — This —

The spreading wide my narrow Hands

To gather Paradise —

나는 가능 속에 살아요 —
산문보다 더 아름다운 집이지요 —
창도 훨씬 많구요 —
문이라 하기에는 — 훨씬 좋죠 —

그 방은 삼나무 숲 같아 —
눈으로 꿰뚫어 볼 수 없어요 —
그리고 영원한 지붕에는
하늘로 된 박공이 있지요 —

손님 중에 — 가장 아름다운 이가 —
차지할 거예요 — 이것은 —
내 좁다란 손을 활짝 펼쳐
낙원을 모아요 —

Tell all the truth but tell it slant —

Success in Circuit lies

Too bright for our infirm Delight

The Truth's superb surprise

As Lightning to the Children eased

With explanation kind

The Truth must dazzle gradually

Or every man be blind —

진실을 모두 말해 하지만 삐딱하게 말해 —
회로 따라 돌아가면 성공인데
우리의 병약한 기쁨에 비하면 너무 눈부신
진실의 엄청난 놀라움
번개가 아이들에게 편안해지려면
설명이 친절해야 하듯
진실은 차츰 눈부셔야 해
안 그러면 다들 눈이 멀지도 —

The Brain — is wider than the Sky —
For — put them side by side —
The one the other will contain
With ease — and You — beside —

The Brain is deeper than the sea —
For — hold them — Blue to Blue —
The one the other will absorb —
As Sponges — Buckets — do —

The Brain is just the weight of God —
For — Heft them — Pound for Pound —
And they will differ — if they do —
As Syllable from Sound —

두뇌는 ― 하늘보다 넓지 ―
그들을 ― 나란히 놓으면 ―
하나가 다른 하나를 담을 테니까
쉽게 ― 그리고 ― 너는 그 옆에 ―

두뇌는 바다보다 깊지 ―
파랗고 파랗게― 그들을 ― 잡으면 ―
하나가 다른 하나를 빨아들일 테니까 ―
스펀지가 ― 물동이를 ― 그리하듯 ―

두뇌는 그저 신의 무게이지 ―
그들의 무게를 ― 한 파운드 한 파운드 ― 재면 ―
그러면 둘은 다르겠지 ― 만일 다르다면 ―
음절이 소리와 다르듯 ―

I never saw a Moor —
I never saw the Sea —
Yet know I how the Heather looks
And what a Billow be.

I never spoke with God
Nor visited in Heaven —
Yet certain am I of the spot
As if the Checks were given —

나는 광야를 본 적 없어요 ―
나는 바다를 본 적 없어요 ―
그럼에도 헤더♦가 어떻게 생겼는지
풍랑이 뭔지도 알아요

나는 신과 말해본 적 없어요
천국에 다녀온 적도 없고요 ―
그럼에도 확실히 나는 그쪽 소속이에요
마치 확인이라도 한 듯 ―

♦ 헤더heather는 유럽과 소아시아 산성 토양 황무지에서 자라는 키 50cm 미만의 상록 관목으로 분홍, 보라, 흰색의 꽃이 핀다. 또는 보라색 헤더 꽃이 가득 피는 영국 고지대 광야 히스랜드를 가리키기도 한다.

I reckon — when I count at all —
First — Poets — Then the Sun —
Then Summer — Then the Heaven of God —
And then — the List is done —

But, looking back — the First so seems
To Comprehend the Whole —
The Others look a needless Show —
So I write — Poets — All —

Their Summer — lasts a Solid Year —
They can afford a Sun
The East — would deem extravagant —
And if the Further Heaven —

Be Beautiful as they prepare
For Those who worship Them —
It is too difficult a Grace —
To justify the Dream —

내가 예측건대 — 모두 헤아려보니 —
첫째는 — 시인 — 그다음은 태양 —
그다음은 여름 — 그다음은 신의 천국 —
이것으로 — 목록은 끝 —

하지만 돌이켜보면 — 첫째는 역시
전체를 이해하는 듯하고 —
나머지는 불필요한 쇼로 보이니 —
그래서 나는 시를 쓰지 — 시인들 — 모두 —

이들의 여름은 — 일 년 내내 계속되지 —
이들은 태양 하나쯤 감당할 수 있지
동쪽은 — 과하다 싶지 —
그리고 만일 더 멀리 천국이 —

마치 이들에게 경배하는 이들을 위해
이들이 준비하듯 아름답다면 —
너무 어려운 우아함이라 —
그 꿈을 정당화하지 못하지 —

To make a prairie it takes a clover and one bee,

One clover, and a bee,

And revery.

The revery alone will do,

If bees are few.

대평원을 만드는 데 필요한 것은 클로버 하나 벌 한 마리

클로버 하나 그리고 벌 한 마리

그리고 꿈

벌이 별로 없다면

꿈만 있어도 될 거야

"Hope"
the Thing with Feathers

"희망"이란 것털 달린 놈

Much Madness is divinest Sense —

To a discerning Eye —

Much Sense — the starkest Madness —

'Tis the Majority

In this, as all, prevail —

Assent — and you are sane —

Demur — you're straightway dangerous —

And handled with a Chain —

많이 미치면 굉장한 신의 감각이 생겨 —
알아볼 줄 아는 눈에게는 —
감각이 많으면 — 완전 미쳐 —
다수가
여기서는 모두가 그렇듯 우세해 —
맞다 하면 — 그러면 넌 제정신인 거야 —
이의를 제기하면 — 너는 그길로 위험하니까 —
그래서 사슬로 다뤄 —

There is a word
Which bears a sword
Can pierce an armed man —
It hurls it's barbed syllables
And is mute again —
But where it fell
The Saved will tell
On patriotic day,
Some epauletted Brother
Gave his breath away!

Wherever runs the breathless sun —
Wherever roams the day —
There is it's noiseless onset —
There is it's victory!
Behold the keenest marksman —
The most accomplished host!
Time's sublimest target
Is a soul "forgot"!

말 한마디가 있어
칼 하나 품은 말
무장한 자를 관통하지 —
그것이 자신의 가시 돋친 어절을 퍼붓고
그러고는 다시 침묵 —
그러나 그것이 쓰러지는 곳에서
구원받은 자들이
애국의 날에 들려주길
견장을 단 어떤 형제가
숨을 거두었대!

숨 가쁜 태양이 달리는 곳이면 어디든 —
한낮을 배회하는 곳이면 어디든 —
그것의 소음 없는 공격이 있지 —
그것의 승리가 있지!
가장 예리한 사수를 보라 —
최고의 기예를 갖춘 군대를!
시간의 가장 숭고한 표적은
"잊혀진" 영혼!

"Hope" is the thing with feathers —
That perches in the soul —
And sings the tune without the words —
And never stops — at all —

And sweetest — in the Gale — is heard —
And sore must be the storm —
That could abash the little Bird
That kept so many warm —

I've heard it in the chillest land —
And on the strangest Sea —
Yet — never — in Extremity,
It asked a crumb — of me.

"희망"이란 놈은 깃털이 있어 —
영혼에 자리를 틀고 —
가사 없는 곡조를 노래하지 —
멈추는 법 없지 — 절대 —

그런데 가장 달콤하기는 — 강풍 속에서 — 들릴 때 —
살을 에는 폭풍도 몰아치고 —
그래서 이 작은 새는 수줍을 수도 있었는데
그래도 그 많은 이들을 따뜻이 해줬지 —

나는 몹시도 추운 땅에서 들어봤어 —
너무나 낯설었던 바다 위에서도 —
그럼에도 — 결코 — 극단에 빠지지 않았고,
그 녀석은 부스러기 하나 달라 했지 — 내게

I went to thank Her —

But She Slept —

Her Bed — a funneled

Stone —

With Nosegays at the

Head and Foot —

That Travellers — had thrown —

Who went to thank Her —

But She Slept —

'Twas Short — to cross the

Sea —

To look opon Her like — alive —

But turning back — 'twas

slow —

나는 그녀에게 고맙다 하러 갔으나 ―
그녀는 자고 있었다 ―
그녀의 침상은 ― 깔때기 모양
돌덩이 ―
머리와 발치에 ―
여행자들이 ― 던져놓은 ―
꽃다발들

그들도 그녀에게 감사하려고 갔던 것인데 ―
그녀는 자고 있었다 ―
바다를 ―
건너기는 ― 잠깐
그녀를 내려다보니 마치 ― 살아 있는 듯 ―
하지만 되돌아가기는 ―
더뎠다 ―

To fight aloud is very brave —
But gallanter, I know,
Who charge within the bosom,
The cavalry of woe —

Who win, and nations do not see —
Who fall, and none observe,
Whose dying eyes no country
Regards with patriot love —

We trust, in plumed procession,
For such the angels go —
Rank after rank, with even feet —
And uniforms of snow.

큰 소리로 싸우는 것은 매우 용감해 —
하지만 더 용맹스러운 이는 내가 알기로는
고뇌의 기병대를
품 안에 장전하지 —

승리해도 민족들이 보지 않고 —
쓰러져도 누구도 주목하지 않고
죽어가는 눈을 어떤 국가도
애국의 사랑으로 보아주지 않지 —

우리는 믿어, 깃털 꽂은 행진 속에서
그런 이들을 위해 천사들은 전진하지 —
계급 맞춰 발맞춰 —
눈의 제복 입고

The Dying need but little, Dear,
A Glass of Water's all,
A Flower's unobtrusive Face
To punctuate the Wall,

A Fan, perhaps, a Friend's Regret
And Certainty that one
No color in the Rainbow
Perceive, when you are gone —

죽어가는 이들에게는 별로 필요한 것이 없어요, 그대여
물 한 잔이 전부
얼굴 내밀지 않은 꽃 한 송이로
벽에 마침표를 찍지요

부채 하나, 어쩌면 친구의 후회
그리고 그대가 떠났을 때
무지개의 어떤 색도 알지 못한다는
확신 —

Of so divine

a Loss

We enter but

the Gain,

Indemnity for

Loneliness

That such a

Bliss has been.

이렇게 신성한

상실로

우리가 얻는

소득이란 그저

외로움의

보상

그게 그리

기뻤지

Some — keep the Sabbath — going to church —
I — keep it — staying at Home —
With a Bobolink — for a Chorister —
And an Orchard — for a Dome —

Some — keep the Sabbath, in Surplice —
I — just wear my wings —
And instead of tolling the bell, for church —
Our little Sexton — sings —

"God" — preaches — a noted Clergyman —
And the sermon is never long,
So — instead of getting to Heaven — at last —
I'm — going — all along!

어떤 이들은 — 안식일을 — 지키려 교회 가는데 —
나도 — 지켜 — 집에 있어도 —
보보링크 새 한 마리 — 성가대하고 —
과수원 하나 — 돔 천장하고 —

어떤 이들은 — 흰옷을 입고 안식일을 지키는데 —
나는 — 그냥 내 날개를 입어 —
교회는 종을 울리지만, 대신 —
우리 작은 불목하니 딱정벌레 — 노래하지 —

설교는 — "신"께서 하지 — 저명한 성직자잖아 —
그리고 설교는 절대 길지 않아서
천국에 — 가지 않는 — 대신 — 결국 —
나는 — 갈 거야 — 쭉!

This World is not Conclusion.

A Species stands beyond —

Invisible, as Music —

But positive, as Sound —

It beckons, and it baffles —

Philosophy — don't know —

And through a Riddle, at the last —

Sagacity, must go —

To guess it, puzzles scholars —

To gain it, Men have borne

Contempt of Generations

And Crucifixion, shown —

Faith slips — and laughs, and rallies —

Blushes, if any see —

Plucks at a twig of Evidence —

And asks a Vane, the way —

Much Gesture, from the Pulpit —

Strong Hallelujahs roll —

Narcotics cannot still the Tooth

That nibbles at the soul —

이 세상이 결론은 아니지요
한 종족이 저 너머에 있어 —
보이지 않아요, 음악처럼 —
하지만 확실하죠, 소리처럼 —
이것은 유혹적이고 이것은 당혹스럽죠 —
철학은 — 몰라요 —
그래서 수수께끼를 통해 결국에는 —
지혜가 가야 하죠 —
이것을 추측하려고 학자들은 골머리 앓고 —
이것을 획득하기 위해 사람들이 견뎌온
세대를 이은 경멸
그리고 십자가 처형 보였고 —
신앙이 빠져나가고 — 웃고 회복하고 —
얼굴 붉히다 누가 보기라도 하면 —
증거의 잔가지 하나 잡아당겨요 —
그리고 깃털 하나 달라 해요, 그 길 —
훨씬 큰 몸짓, 설교단에서 —
힘찬 할렐루야를 계속 울려 —
영혼을 씹어대는 이빨을
마취제는 잠재울 수 없어요 —

The Things That Never Can Come Back

절대 돌아올 수 없는 것들

That Love is all there is

Is all we know of Love,

It is enough, the freight should be

Proportioned to the groove.

사랑이 전부라는 것
우리가 사랑에 대해 아는 전부
그것으로 충분하긴 한데 그 짐에
비례하여 바퀴 자국이 나겠지

Love — is anterior to Life —

Posterior — to Death —

Initial of Creation, and

The Exponent of Breath —

사랑 — 삶보다 먼저 —
죽음보다 — 나중 —
창조의 시작 그리고
숨결의 해석 —

The Heart asks Pleasure — first —
And then — Excuse from Pain —
And then — those little Anodynes
That deaden suffering —

And then — to go to sleep —
And then — if it should be
The will of its Inquisitor
The liberty to die —

마음이 즐거움을 물어오지 ― 처음에는 ―
그다음에는 ― 통증의 면제 ―
그다음에는 ― 소량의 저 진통제들
고통을 잠재우고 ―

그다음에는 ― 자러 가려는데 ―
그다음에는 ― 혹시라도 그것이
종교재판관의 유서라면
죽을 자유 ―

For each ecstatic instant —
We must an anguish pay
In keen and quivering ratio
To the ecstasy.

For each beloved hour
Sharp pittances of years —
Bitter contested farthings —
And Coffers heaped with Tears!

황홀한 순간마다 ―
그 황홀함에
비례하여 치열하게 부들부들 떨며
우리는 고뇌를 지불해야 한다

사랑하는 시간 시간
세월의 푼돈을 칼같이 내고 ―
동전 몇 닢에 통렬히 다투고 ―
금고에는 눈물이 쌓여!

Ample make
this Bed —
Make this
Bed with Awe —
In it wait till
Judgment break
Excellent and Fair.

Be its Mattress
straight —
Be its Pillow
round —
Let no Sunrise'
yellow noise
Interrupt this
Ground —

널찍이
이 침상을 펴 —
경이로
이 침상을 펴 —
심판이 멈출 때까지
이 안에서 기다려
굉장히 근사하지

매트리스는
반듯하게 —
베개는
동글동글하게 —
해돋이
노란 소음이
이 땅을 절대
방해하지 못하게 해줘 —

We outgrow love, like other things

And put it in the Drawer —

Till it an Antique fashion shows —

Like Costumes Grandsires wore.

우리가 어른이 되어 사랑이 시들해지면 다 그렇듯
서랍에 넣어두지 ―
그러다 구닥다리가 되어 ―
마치 선조들이 입던 의복처럼 보이겠지

The Things
that never can
come back, are
several —
Childhood - some
forms of Hope — the
Dead —
Though Joys — like
Men - may sometimes
make a Journey —
And still abide —
We do not mourn
for Traveler, or
Sailor,
Their Routes are fair —

But think enlarged
of all that they
will tell us
Returning here —
"Here"! There are
typic "Heres" —
Foretold Locations —
The Spirit does

절대
돌아올 수 없는
것들
더러 있지 —
어린 시절 — 어떤
희망의 모습들 —
죽은 이들 —
사내들처럼 — 때로
여행을 떠나 —
놀고 —
그러다 여태 산다 —
우리는 여행자나
항해자들을
애도하지는 않으니
이들의 여정이 아름답기 때문 —

그러나 우리에게 들려줄
모든 말들을
확장하여 생각해보면
여기로 돌아온다는 것 —
"여기!" 전형적인
"여기들"이 있잖아 —
예언된 위치들 —
영혼 자신은 —

not stand —

Himself — at whatsoever

Fathom

His Native Land —

깊이가
얼마이든 —
닿지 못할
자신의 고국 —

옮긴 후에

시인, 시, 시집,
고르고 옮기는 일

박혜란

미국 시인 에밀리 디킨슨Emily Dickinson은 1830년 미국 매사추세츠의 작고 조용한 도시 애머스트에서 출생하여 1886년 세상을 떠날 때까지 그곳에서 살며 1,800여 편의 시를 썼다. 시 쓰는 일이 일상이고 가장 큰 일과였겠다 싶을 정도로 상당히 많은 시를 남겼지만, 생전에 공개적으로 발표한 시는 『스프링필드 리퍼블리컨Springfield Republican』이라는 지역 신문에 발표했던 7편 정도에 불과하다. 대신 시인은 소수의 친구와 가족, 지인들에게 보여주기를 좋아했다. 직접 소통할 수 있는 몇몇 지인들을 독자로 삼아 편지에 넣어 보내기도 하고, 감상을 주고받기도 하고, 편지를 받으면 봉투를 펼쳐 새로운 시를 적어놓기도 했다. 그리고 40여 편씩 시를 묶어 직접 필사하고 편집하여 모아둔 파시클fascicle이라 불리는 손제본 형태의 시집 44권이 시인이 죽은 후 발견되었다.

1890년 에밀리 디킨슨이 죽은 뒤 4년이 지나 출간된 첫 시선집이 크게 성공했다. 이후 2년 만에 11종의 시선집이 나왔고 편집자와 연구자 들이 파시클을 비롯하여 시인이 남긴 시들로 선집과 전집을 발표하면서 큰 인기를 끌었다. 시인의 시는 이제 시인의 집안 독자들만의 것이 아닌 전 세계 많은 독자가 애송하는 미국 최고의 시가 되었다. 현재 디킨슨은 독자들에게 가장 사랑받는 미국 시인 가운데 한 명이며, 많은 후배 시인과 비평가는 물론 음악가와 예술가에게 큰 영감을 주는 페미니스트 뮤즈이기도 하다.

시인

'애머스트의 드센 수녀Wayward Nun of Amherst'라 불리기도 하는 시인의 집안 배경이나 사생활이 시인의 시를 읽는 데 도움이 될지 아니면 괜한 오독을 가져올지 모르겠다. 에밀리 디킨슨 개인에 대해 말하자면 가족의 남성들은 모두 변호사 출신이었고 애머스트 사회에서 정치적으로나 사회적으로 영향력 있는 집안이었다. 시인 자신은 비혼으로 평생 아버지의 집에서 가족과 함께 살았다. 그 밖에 시인의 개인적인 삶에 대해 우리에게 알려진 것이 거의 없고, 평생 그렇게 많은 시를 쓰고도 생전 공개하거나 출판하지 않았다는 이유로, 은둔의 삶을 살았던 천재 여성 시인을 낭만적으로 상상하며 시보다는 시인 개인을 소설의 주인공처럼 인물화할 수도 있겠지만 사실 디킨슨이 살았던 삶의 조건들은 19세기 미국 중산층 백인 여성들의 일반적인 형편과 많이 다르지 않았다.

15세가 될 때까지 애머스트 아카데미Amherst Academy에서 7

년간 공부했고, 1847년 잠시 집을 떠나 마운트 홀리오크 여성 신학교Mount Holyoke Female Seminary에서 1년간 수학했다. 학교에서 '똑똑이wit'로 알려졌지만, 졸업하지는 않았다. 같이 학교를 다녔던 이들에 따르면, 학장이 학생들에게 '크리스천이 되고자 한다면 일어나라'고 했을 때 디킨슨은 그대로 앉아 있었다고 한다. 시인과 당시 미국의 기독교인들에게 강요되었던 신앙고백은 '회개를 통한 구원의 확신'을 진술하는 것이었다. 그러나 시인에게 "신앙이란 근사한 발명품Faith — is a fine invention"에 불과했을지도 모르며 시인이 고민했던 신앙의 회의와 질문은 이미 답이 정해진 교리문답식 단답형 질문의 수준을 넘어섰을 것이다.

디킨슨은 학교를 그만두었다. 집에 돌아온 후, 디킨슨은 교회에도 나가지 않았다고 한다. 그렇다고 시인이 기독교를 완전히 부정했다고는 할 수 없다. 시인은 여러 작품에서 신의 존재와 신앙의 자세를 성찰하며, 성경에서 가져온 비유와 논리를 통해 세상의 진실을 포착하려 했다. 아마도 당시 기독교 교리와 사회윤리의 복종과 순응을 강조했던 여성학교의 정규교육보다는, 고전과 당대 문학과 사상의 책들이 가득한 애머스트 저택 서재에서 시인은 더 깊은 성찰의 언어를 발견했을 것이다.

다시 집으로 돌아온 시인은 '집안의 천사'로 살아야 했던 당시 중산층 백인 여성들이 대체로 그러했듯 집안을 돌보고 가족을 보살폈다. 집안의 명망이나 오빠 에드워드 디킨슨의 활발한 사회 활동으로 미루어 지역사회에서 사교 모임과 교류가 많았을 수도 있으나 디킨슨은 외부 활동을 거의 하지 않았다. 당시 유명했던 초월주의 대표 철학자이자 시인 랠프 왈도 에머슨도 디킨슨의 아버지와 교류했다고 하는데 디킨슨을 만났다는 기록은 없다. 공식적인 기록으로는 빵을 구워 마을 대회에서 수상한 적이 있고, 지금까지 연구가 될 정도로 정원을 잘 가꾸었을 뿐, 누군가를 방문하거나 낯선 이를 초대한 적은 없었다.

> 영혼은 직접 선택해서 사귀지 —
> 그리고 — 문을 닫아버리지 —

그렇다고 외부와 소통을 아예 끊고 산 것은 아니었다. 오히려 가족과 친척, 친구들과는 늘 가까이 교류하며 종종 편지를 써서 정서적 위로와 조언을 주고받았고, 책에 대해 논하고 서로의 생각과 의견을 활발히 소통했다. 물론 시인의 유머와 재치, 은근한 독설은 덤이었을 것이며 편지와 함께 직접 쓴 시를 보내 감상을 묻기도 했다. 시인의 개인적 교류와 인간관계에 대해서는 정확히 기록으로 알려진 바가 없다. 사랑과 상실에 관한 시들이 많으니 몇 번의 연애 혹은 연애 감정과 실연이 있었으리라 짐작할 뿐이다. 시인의 삶이 시를 해석하는 일종의 참고 문헌이 될 수는 있겠으나 시의 언어와 문장으로 시인의 삶을 만들어낼 필요는 없겠다 싶다. 그저 독자인 나는 아무개Nobody의 삶이 만든 시로 다가가고 싶다.

> 난 아무도 아냐! 넌 누구니?
> 너도 — 역시 — 아무도 아니니?
> 그렇다면 우리는 단짝!
> 얘기하지 마! 걔네들이 떠벌릴 거야 — 너도 알잖아!
>
> 세상 쓸데없지 — 누군가 — 가 되는 건!
> 세상 다 들으라고 — 개굴개굴대며 —
> 떠받드는 늪에 대고 — 기나긴 유월 내내 —
> 아무개 이름을 댄다는 건!

시인은 당시 결혼이나 출산의 기록이 없고 공적인 저술이나 사회 참여, 정치 활동에 이름을 올린 적도 없었다. 이를 비범함 혹은 비정상의 징표로 보기도 한다. 하지만 '우리' 독자들의 평범하고 정상적인(?) 삶은 150년 전 에밀리 디킨슨과 그리 매우 다르지 않다. 시인은 비혼 여성으로 혼자만의 시간을 더 중요히 여기며 충실히 자기 삶을 살았는데, 그리고 단지 세상 사람들 눈에 잘 띄지 않았던 여성인데, 엄청난 분량의 훌륭한 시들을 썼을 뿐인지도 모른다.

> 세상에 보내는 나의 편지
> 세상이 나한테 써 보낸 적 없어서 —
> 자연이 전해준 소박한 소식에 —
> 다정한 장엄을 곁들였어요
>
> 그녀의 메시지를 전달받는
> 손을 나는 볼 수 없으니 —
> 그녀를 사랑한다면 — 사랑스런 —
> 시골 사는 여러분 —
> 다정히 심판해줘요 — 나를!

인생 후반에 들어서면서, 시인에게 독서는 삶에 더욱 큰 부분을 차지한 듯하다. 윌리엄 워즈워드를 비롯한 낭만주의 시인, 토머스 칼라일, 랠프 에머슨, 찰스 다윈, 매슈 아널드, 로버트 브라우닝, 엘리자베스 브라우닝, 브론테 자매, 조지 엘리엇 등 당시 출간된 영국과 미국 작가의 작품을 주로 읽었고, 성경과 셰익스피어는 늘 주요 참고 문헌이었다.

> 군함 없어도 책 한 권이면 돼
> 우리를 대륙으로 데려다주지
> 군마 없어도 한 페이지면 돼
> 시를 활보하지 —
>
> 이런 횡단이라면 아무리 가난해도 갈 수 있지
> 통행료 압박도 없고 —
> 인간의 영혼을 실을
> 전차인데 이다지도 검소하다니 —

방대한 독서를 통해 시인은 언어를 찾고 지식을 구했을 뿐만 아니라, 시와 시인에 대해 노래하는 많은 시들의 전면에 '독자'의 위치에서 세상과 시를 이해하는 목소리를 화자로 내세울 수 있었다.

> 나라면 시인도 되지 않을래
> 더 근사한 건 ― 그 귀를 갖는 것 ―
> 사랑에 빠지고 ― 무력해지고 ― 만족하고 ―
> 숭배 면허
> 그 어마어마한 특혜
> 상속은 무엇일까
> 내게 나를 기절시킬 예술이 있다면
> 멜로디의 ― 섬광!

시인에게 시란 기절시킬 수 있는 예술, "멜로디의 섬광"이다. 번개 치는 순간 번쩍이는 섬광과 같은 미학적 경험이다. 디킨슨에게 시는 화산처럼 파괴와 창조의 에너지가 분출하는 폭발적인 힘의 언어였다. 시 자체가 갖는 에너지와 생명을 소망했던 것이다. 지인들에게 보내는 서신에서 시인은 자신의 시가 살아 있는지 묻기도 하고, "내가 읽은 책 한 권으로 인해 온몸이 오싹해졌는데 그런 나를 어떤 불로도 따뜻이 못한다면, 그게 시예요. 마치 정수리부터 한 꺼풀 벗기듯 몸으로 느껴진다면, 그게 시예요. 오직 이런 식으로만 나는 시를 알아요. 다른 방법 있나요?"라고 말하기도 했다.

발화자인 나를 떠나 스스로 터져 빛을 발하는 언어. 그 언어의 소용을 시인은 수용자 또는 독자의 위치에서 찾고 있다. 시를 쓰는 순간이든 읽고 있는 동안이든, 그리고 그 시가 자신의 시이든 책에서 읽은 다른 시인의 시이든, 디킨슨은 시인이라는 존재보다 시인의 언어를 들을 수 있는 '귀'가 되는 즐거움을 누릴 줄 아는 존재이기를 소망한다. 시인은 독자가 되는 즐거움을 알고 있었다. 쓰는 순간이 아닌 읽는 동안 시는 좋아야 한다. 독서는 그 효용이 교훈일 수도, 치유일 수도, 정보 제공일 수도 있지만 어떤 식으로든 유익해야 한다. 유익의 순간을 전달받는 것이 아니라 발견하는 즐거움과 설렘. 자신의 시가 닿을 '듣는 귀'가 시인에게 중요한 이유이다.

시

에밀리 디킨슨은 1,800여 편의 시에서 기존 문학 전통과 관례의 제약으로부터 자유로운 독창적 표현을 실험했고, 주변의 일상과 자연 속에서, 혹은 독서를 통해 발견하고 사유했던 여러 주제, 예를 들면 사랑, 죽음, 상실, 영원함, 아름다움 그리고 글쓰기와 읽기의 즐거움을 노래했다. 그러면서도 당시 청교도의 엄숙함이나 가부장적 질서, 물질주의 생활양식에 휘둘리지 않고 자신의 리듬과 형식 속에서 세상을 바라보고 표현했다.

번역자로서 디킨슨 시에서 가장 먼저 눈에 띄는 것은 독특한 비유의 시어였다. 독자에게 디킨슨의 시가 어렵다고들 하는데, 특별히 어려운 문장을 구사한다거나 시인 개인적 경험이나 사상을 알아야 이해되는 맥락이 있어서라기보다는, 생각지 못한 단어와 표현을 예상치 못한 맥락에서 사용하고 있기 때문인 것 같다. "전혀 숙성하지 않은 술"은 무엇일까(「나는 전혀 숙성 안 한 술맛을 알아」)? "시인은 이랬어"로 시작하는 시는 아로마 오일 혹은 향유의 제조 방법을 짐작이라도 해야 이해할 수 있다. 아무리 튼튼하게 세운 우리라 해도 지붕 없이 울타리만 있다면 별것 아닌 작은 새 한 마리 가둘 수 없다는 사소한 진리를 알아야 한다(「그들은 나를 산문 속에 가두었지」).

시인은 의미를 만드는 가능의 경우들을 잘 알고 있다. 성경과 고전, 세계의 역사와 지리, 학교에서 배웠던 과학적 사실, 정원에서 관찰한 꽃, 새, 벌레의 일상, 집안 세간과 구석구석, 이 모든 한정된 물질적 조건의 조합으로 이상을 꿈꿀 수 있는, "내 좁다란 손을 활짝 펼쳐 낙원을 모"으게 하는 상상력이 필요하다.

특히 죽음과 고통에 대해 노래할 때, 당시 기독교적 구원을 말할 때 늘 강조했던 죽는 순간의 고통이나 공포, 죽음 후의 존재에 대한 불안함과 상관없는 죽음의 현상에 대해 상상하곤 한다. 화자는 죽어 있는데 두뇌와 감각은 살아 있어, 죽는 순간 파리 소리를 듣기도 하고(「나 죽을 때 파리 한 마리 붕붕대는 소리 들렸는데」), 자기 장례식의 소란을 느끼기도 하고 (「내 머릿속에서 장례식이구나 생각했지」), 죽음은 나를 영원불멸로 데려가 줄 것처럼 마차에 태워 한나절 여행을 했지만 결국 도달한 곳은 그냥 무덤 속이었다(「내가 죽음을 위해 멈출 수 없어」).

그리고 그의 정중한 요청에 일어나 '아내'가 된 그녀는 왜 놓고 온 장난감들을 아쉬워할까(「그가 시키는 대로 그녀는 일어났다」)? 당신과 함께하는 거칠고 사나운 밤 에덴에서 노를 저으면 행복할까(「밤은 사납고 거칠어!」)? 어려운 문제도 아닌데 친절하게 다 얘기해주지 않으니 어렵다. 이러한 가능의 조합은 시의 화자가 당연히 여성적 존재임을 전제로 읽는 독자 앞에 자신이 평생 '장전된 총'으로 구석에 서 있었다는 화자가 등장할 때(「내 평생 세워둔 장전된 총이었는데」) 더욱 당혹스럽다.

시를 '나'의 이야기로 만드는 1인칭 화자는 디킨슨 시의 큰 특징이다. '나'의 이야기로 전개되기 때문에 많은 시가 시인이 자신의 감정과 생각을 직접 토로한 서정시일 수도 있다. 하지만 장전된 총은 1인칭 페르소나 또는 화자일 뿐 시인 자신은 아니다. 물론 에밀리 디킨슨 개인의 어떤 상황을 얘기할 수도 있지만 다른 해석의 가능성도 있다. 파괴의 힘을 지녔지만 주인/주체가 없다면 아무런 능력도 발휘 못 하는 상상력일 수도 있고, 힘과 능력은 있으나 자유 없이 복종하며 주인을 지키는 존재인 노예의 상황일 수도 있다. 늘 '대상'으로 존재하던 어떤 존재가 자신을 주어로 말할 때, 예상치 못한 언어의 폭발적 힘을 발견함과 동시에 폭발하는 존재의 한계를 발견한다. 이 시 외에도 디킨슨은 어린 소녀나 다양한 성격의 1인칭 페르소나를 창조하여 다양한 목소리의 서정성을 시도했다.

디킨슨 시의 화자들은 어떤 인물이든 예리한 관찰자다. 대개는 여성의 이미지인데, 제한된 공간에 살고 있는 여성으로서 피할 수 없는 한계를 직시하면서도 상상력의 공간이자 활동인 시를 통한 해방을 노래한다. 추상적인 관념을 감각적으로 만들고, 의미를 한정하지 않으면서도 정의하며, 늘 집 안에 머물지만 갇혀 있는 법이 없다. 분명하지만 우회적인 표현으로, 가능하지만 아직 실현되지 못한 것들을 노래한다. 그래서 디킨슨의 시는 종종 무슨 말을 하고 있는지 다 알 것 같지만 질문을 남긴다. 해방과 동시에 근거를 상실한 존재가 된 느낌이다.
자신의 전업인 시와 시인의 작업을 정의하기도 하는데, 앞서 말했듯 시인은 수용자의 위치에서 읽히는 의미의 새로운 통찰과 예상치 못한 포착을 중시하고 살아 있는 시이기를 소망했다. 이는 기존의 시학과 문학 이론이 내린 시와 시인에 대한 정의에 도전하는 일이기도 했다. 그 외에도 '희망'이라든가 '두뇌', '출판', '성공', '생각', '영혼' 특히 '사랑'과 같은 추상적 관념들에 대해 정의를 내린 시가 많은 것도 디킨슨 시의 특징이다.

고르고 옮기는 일

파시클 출판사에서는 에밀리 디킨슨의 시를 계속 번역하여 소개할 것이다. 첫 시집 『절대 돌아올 수 없는 것들』에 실은 시는 주로 번역자가 특히 좋아하는 시이다. 에밀리 디킨슨을 읽는 즐거움에 나침반 같은 역할을 했으면 하는 바람으로 시들을 골랐다. 원래 에밀리 디킨슨의 시 7편과 그 시들에 대한 감상을 그린 그림이 있는 작은 시집을 만들기 위해 갈무리해둔 구성을 모아 단행본으로 묶었다. [그림시집은 그림책 작가 신혜원의 그림으로 작년에 일부 출간되었고, 앞으로도 시를 좋아하는 화가들과 협업하여 계속 만들 예정이다.] 일반적으로 딱히 의미를 한정하지 않고 읽는 글이 시이듯, 디킨슨의 시도 읽는 이 혹은 읽는 맥락에 따라 해석이 달라질 수 있기 때문에 특별히 일관된 주제와 의미의 흐름으로 정리한 것은 아니다.

굳이 설명하자면, "멜로디의 섬광"은 시의 의미와 능력에 대한 시들로 시인의 생애와 작품의 이해를 위한 나침반 또는 방향키 역할을 해주었으면 하는 바람에서 모았다. "어떤 비스듬 빛 하나"는 '혼자'에 관한 시들이다. '고독'이나 '외로움'으로 설명할 수도 있겠지만 혼자여서 결여했거나 부족한 존재 혹은 조건이라기보다는 '혼자'라서 알 수 있고 볼 수 있는 것을 생각하게 하는 시들이었다. "바람의 술꾼"은 즐거운 시들을 모았다. 자연에 도취하고 아름다움을 추구하는 활력이 넘치는 시들이다. "장전된 총"은 우리가 생각지 못한 힘과 능력을 갖춘 존재들과 그 의미를 읽을 수 있는 시들이다. 패배와 복종을 경험했기 때문에 지닐 수 있는 힘과 통찰을 생각해볼 수 있다. "풀밭 속 가느다란 녀석"은 작은 새, 뱀, 석양, 강아지, 파리 등 주변에서 발견되는 아주 작은 '자연의 백성People of Nature'에 관한 시이다. "가능 속에 살아"는 상상력 또는 언어의 능력에 관한 시들이다. 진리를 포착하는 인식과 통찰이 어떤 언어로 가능할지 생각해보게 된다. 그리고 에밀리 디킨슨은 특히 후기에 지혜의 말, 잠언의 격언을 담은 시를 많이 썼는데, "'희망'이란 깃털 달린 놈"에서 시인이 전하는 지혜의 조언을 몇 편 소개했다. 마지막으로

"절대 돌아올 수 없는 것들"에서는 사랑의 상실로 인한 슬픔과 아픔에 관한 시들을 모았다. 아픔을 같이 아파하고 상실을 같이 슬퍼하면서도 자기연민에 빠지지 않는 거리가 좋은 시들이다.

디킨슨의 공감과 거리의 언어들이 독자에게 조금 더 다가가면 좋겠다. 때론 따뜻하게, 때론 시원하게.

시 원문 찾아보기 (알파벳 순)

A Bird, came down the Walk —	82
A lane of Yellow led the eye	92
A narrow Fellow in the Grass	84
A wounded Deer — leaps highest —	52
Ample make this Bed —	142
Because I could not stop for Death —	56
Did the Harebell loose her girdle	72
For each ecstatic instant	140
"Hope" is the thing with feathers —	118
I died for Beauty — but was scarce	60
I dwell in Possibility —	100
I felt a Funeral, in my Brain	40
I heard a Fly buzz — when I died —	96
I like a look of Agony	36
I never lost as much but twice —	70
I never saw a Moor —	106
I reckon — when I count at all —	108
I shall keep singing!	12
I started Early — Took my Dog —	88
I taste a liquor never brewed —	46
I went to thank her	120
I would not paint — a picture —	16
I'm Nobody! Who are you?	48
It might be lonelier	42
Look back on time with kindly eyes	94
Love — is anterior to Life —	136
Me from Myself — to banish —	122
Much Madness is divinest Sense —	114

My Life had stood — a Loaded Gun —	64
Of so divine a Loss	126
Papa above!	32
Publication — is the Auction	78
She rose to His Requirement — dropt	76
She sweeps with many-colored Brooms —	50
Some — keep the Sabbath — going to church —	128
Success is counted sweetest	30
Tell all the truth but tell it slant —	102
That Love is all there is	134
The Brain — is wider than the Sky —	104
The Dying need but little, Dear	124
The Heart asks Pleasure — first —	138
The Poets light but Lamps —	24
The Soul selects her own Society —	38
The Things that never can come back, are several —	146
The thought beneath so slight a film —	54
There is a word	114
There is no Frigate like a Book	26
There's a certain Slant of light	34
They shut me up in Prose —	20
This is my letter to the World	68
This was a Poet —	14
This World is not Conclusion	130
To fight aloud is very brave	122
To make a prairie it takes a clover and one bee	110
We outgrow love, like other things	144
Wild Nights — Wild Nights!	74

절대 돌아올 수 없는 것들
The Things That Never Can Come Back

초판   1쇄 2018년 10월 16일 펴냄
개정판 1쇄 2020년 12월 21일 펴냄
       5쇄 2025년 6월 18일 펴냄

지은이	에밀리 디킨슨
고른이	박혜란
옮긴이	박혜란
편집 교정 교열	양선화 박혜란
디자인	들토끼들
표지 디자인	김재원
기획	김재원 박혜란
펴낸이	박혜란
펴낸 곳	파시클 출판사
등록	2016년 10월 25일 제 2017-000153호
주소	경기도 고양시 일산동구 탄중로 398, 809동 701호
인쇄	상지사
ISBN	979-11-961257-5-2 03840

beonfascicles@naver.com
https://www.facebook.com/fascicles
https://www.instagram.com/fascicles_seoul
이 책의 판권은 파시클 출판사에 있습니다.
출판사의 동의 없는 무단 전재 및 복제를 금합니다.